German Ruiz Ceballos

La restauración de un ministerio perdido

German Ruiz Ceballos

La restauración de un ministerio perdido

Levantando al caído

CREDO EDICIONES

Cover image: www.ingimage.com

Publisher:
CREDO EDICIONES
is a trademark of
International Book Market Service Ltd., member of OmniScriptum Publishing Group
17 Meldrum Street, Beau Bassin 71504, Mauritius

Printed at: see last page
ISBN: 978-613-2-79886-2

- **Prólogo**

Se hace indispensable en este tiempo en que Dios nos permite vivir, últimos tiempos de la gracia quizás, tener a mano tanto los predicadores como los laicos, el ejercicio de los ministerios que Dios dio a los hombres para la edificación del cuerpo de Cristo y el perfeccionamiento de los santos para la obra a la que fueron llamados.

El desconocimiento de estas labores, puede afectar grandemente y hacer daño no solo a los escogidos sino a quienes han de venir, que están en lista de salvación en Dios.

Es por esto que este material impreso, pretende llegar a cada lector como una guía para el emprendimiento y desarrollo del ministerio de la restauracion, perdido por muchos y poco ejercitado por otros.

No obstante, no se pretende presentar como el todo, sino como una parte vital y de mucha importancia en el desempeño ministerial. Todos aquellos que piensan en megaiglesias y en crecer rápido, debieran trabajar duro este aspecto del ministerio, que yo llamo, perdido, para que ninguno de cuantos ganamos para el Señor, luego se pierdan por falta de administración.

He orado a Dios, para que cada palabra que vas a leer, llegue a lo mas profundo de tu corazón, con espíritu de revelación y de interpretación, y sea de provecho tanto para ti como para los tuyos y para cuantos compartas de estas experiencias. Quizás te sientas identificado con muchas cosas de estas, si es así, di Amen, y manos a la obra.

- **Introducción**

Notando el desánimo en muchos hermanos, el trato frío e indiferente de muchos líderes, la pérdida de la visión que debe ser lo que nos mueva a hacer el trabajo en el Señor, el tiempo perdido en tantas ocupaciones, menos las que el Señor nos encomendó, los muchos que se apartan a diario de las filas cristianas, me llevo a escribir estas páginas.

Muchos se han dedicado a trabajar áreas del ministerio que parecen más importantes que otras, y a descuidar las que en realidad ayudan a mantenernos en pie. Nos enfocamos mucho en el trabajo para con el amigo pecador que no conoce de Dios, y eso esta bien. Pero una vez convertido, nos olvidamos, que ese hermano sigue necesitando formación, atención, cuidados, porque esta en crecimiento y es objeto del enemigo para ser atacado y debilitado.

Sabemos muy bien que hay que decirle al pecador para que reciba a Cristo, pero, ¿que tanto sabemos decirle al hermano que ha caído en pecado? sabemos dar palabras de aliento al pecador, para que no se sienta perdido sino que tenga esperanza. Y al hermano que comete una falta, ¿que le decimos? Se nos olvida lo que el apóstol aconsejo: "si alguno se cree estar firme, mire que no caiga" 1a Corintios 10:12.

A veces pensamos de nosotros mismos, como piensan muchos en el mundo, que creen que el cristiano ya no peca, el mundo no le hace daño, no tiene problemas, no se enferma, no se debilita. ¡Cuán equivocados estamos si pensamos de esa manera! Nunca hemos dejado de ser tan humanos como para no necesitar la ayuda de Dios y de los siervos de Dios que son fuertes. ¡Cuanta falta de sabiduría hay en el mundo y en los que se dicen ser de Dios! Quizás si muchos se pierden sea por culpa nuestra.

Detente un momento, quizás unas horas o días, para leer estas páginas, y "considera lo que te digo y el Señor te de entendimiento en todo" 2a Timoteo 2:7. Léelo no solo una vez, vuélvelo a leer hasta que se grabe en tu mente y este en tu corazón y sea ejercitado a diario en tu vida y en la de los que te rodean. Considera a Dios ¡como nos trata! Y procura imitarlo tratando a tu prójimo de la misma manera. Dios te bendiga y te ayude y que tu vida sea transformada con esta palabras.

- **Significado**:

La palabra **"restaurar"** (***katartizete***) es una palabra que se usa para arreglar un brazo o una pierna fracturados o para arreglar redes o para cortar algo que ha crecido en el cuerpo

Restauración s. f.

1 Reparación de una obra de arte o un objeto antiguo que está dañado o deteriorado.

2 Acción de volver a poner una cosa en el estado que antes tenía.

Diccionario Manual de la Lengua Española Vox. © 2007 Larousse Editorial, S.L.

- **Testimonios**:

Todos los testimonios que son presentados aqui, son de hechos reales, no ficticios. No son anécdotas sino historias verdaderas, con nombres pseudonimos, desde luego, para ocultar la verdadera identidad de sus actores.

Con estos testimonios, quiero hacer consciencia, de la falta de RESTAURACION que existe en muchas organizaciones que aseguran predicar el Evangelio tal como lo dice las Sagradas Escrituras, que se jactan diciendo que son la única iglesia que predica lo que la Biblia enseña. Si fuera así, no habría tanta carencia de esto. Juzguen ustedes estos hechos, y que Dios nos ayude.

Somos el único ejército, que deja solo a sus soldados heridos en combate.

Hay grupos armados, que si su soldado fue herido, e incluso muerto, se lo llevan, no lo dejan a merced del enemigo.

Las hormigas se cargan a las otras que han muerto en el camino.

Oímos decir desde los púlpitos frases que dejan en entredicho el ministerio de restauración, frases como: si se quiere ir, bien pueda; no queremos cantidad sino calidad; no hace falta; mas estorba el que no hace nada; Dios esta sacando lo que no sirva.

Al pastor pepito, quien salió de una organización (entendiendo que la organización, no es la iglesia; la iglesia del Señor, es la que lleva su Nombre), lo anunciaron desde un púlpito a toda la congregación , diciendo: el que visite a Pepito lo pongo en disciplina. Los hermanos que antes lo visitaban, ahora pasan mirando a otra parte para no darle la cara y tener que saludarlo. cada ocho días el Pastor lanza alguna pulla desde el pulpito contra pepito, parece ser se le habían acabado los sermones y le llego pepito como anillo al dedo, para cogerlo de tema. Incluso vive tan intranquilo con pepito, que en plena dominical manda al asistente para que vaya y mire a ver que hace pepito, cuantos tiene, etc..¿No cree usted amigo lector, que a este pastor se le perdió La Paz? Como dice el apóstol Pablo, predica a Cristo por contienda y por ganancia.

Siempre he visto el trato a los pecadores que vienen a la iglesia: bienvenido amigo, Jesucristo le ama y lo quiere salvar, siga, nos alegra su visita. Y el hermano que ha caído en pecado? No lo saludan, si no vuelve, mejor. ¿A caso el hijo prodigo por lo que hizo, aún por irse de casa, por eso dejo de ser hijo? ¿Dejo de ser hermano?

A un joven músico, lo disciplinaron porque visitaba la casa de una pastora de otra organización (predicadora del Nombre, sana doctrina), y decían que estaba cambiando la iglesia. La pastora era como una madre para este joven, puesto que lo había criado desde la adolescencia. ¿No podía visitarla? Esto lo llevo a aislarse de la iglesia. Paso un mes y le pregunte: ¿alguien lo ha llamado? ¿El pastor? ¿los diáconos? ¿el líder de jovenes? A lo cual respondió, ninguno. ¿Es eso restauracion? Parece no importar quien no viene, quien se va. Pero ¡cómo importa el que aporta, el que tiene una buena economía! No interesa ni como viva, si practique o no la santidad, ese es un servidor.

Otro joven con su esposa, por más de un mes no pudo ir a la iglesia por motivos laborales, no recibió ni una llamada, pero se entero que desde el púlpito han dicho que es un rebelde. ¿Es eso restauracion?

Una muchacha que asistía a una iglesia, cometió lo que se llama dentro de algunos cristianos, una caída, me contó que en una ocasión al llegar a un servicio (culto) una hermana la recibió, diciéndole que a que iba a ese lugar, como se atrevía a ir, que si ella fuera el pastor, la echaba de allí. ¿Como esperamos que los hermanos se restauren con cosas como estas?

A un pastor de una organización, quien llevaba poco tiempo en el lugar, no mas de un año, Dios lo había bendecido, pues había construido con sus propios recursos un edificio para el culto a Dios, y había crecido el número de fieles asistentes, los directivos le dieron un ultimátum que tenía que irse para una vereda lejos y dejar a sus hijos. Este pidió misericordia que tuvieran en cuenta su núcleo familiar y no quisieron, le toco renunciar al ministerio en esa organización, porque decía El, primero mi familia. Los propios directivos le llamaron para que presentase la carta de renuncia. ¿Cual es el objetivo en todo esto, de parte de los directivos de una organización? ¿Están más interesados en plantas físicas, en barrios, que en ministerios y familias? ¿Cómo se siente ese pastor y su familia? La verdad mis amigos, no hay RESTAURACION.

Un pastor amigo mío, me contó, que se fue a una asamblea de pastores a ayudar en informática, y estando en eso, entro uno de sus directivos y hablo con el encargado de esa área, y le dijo que el pastor no podía estar allí, y lo hizo sacar. ¿Acaso no dice todavía la Biblia que una casa dividida contra si mismo no puede permanecer?

- **Que dice la Biblia?:**

Job 33:26 RVR1960: "*Orará a Dios, y éste le amará, Y verá su faz con júbilo; Y restaurará al hombre su justicia*".

Isaías 1:26 RVR1960: "*Restauraré tus jueces como al principio, y tus consejeros como eran antes; entonces te llamarán Ciudad de justicia, Ciudad fiel*".

Nahúm 2:2 RVR1960: "*Porque Jehová restaurará la gloria de Jacob como la gloria de Israel; porque saqueadores los saquearon, y estropearon sus mugrones*".

Zacarías 9:12 RVR1960: "*Volveos a la fortaleza, oh prisioneros de esperanza; hoy también os anuncio que os restauraré el doble*".

Hechos1:6 RVR1960: "*Entonces los que se habían reunido le preguntaron, diciendo: Señor, ¿restaurarás el reino a Israel en este tiempo?*".

2 Crónicas 33:13RVR1960: "*Y habiendo orado a él, fue atendido; pues Dios oyó su oración y lo restauró a Jerusalén, a su reino. Entonces reconoció Manasés que Jehová era Dios*".

Eclesiastés 3:15 RVR1960: "*Aquello que fue, ya es; y lo que ha de ser, fue ya; y Dios restaura lo que pasó*".

Jeremías 27:22 RVR1960: "*A Babilonia serán transportados, y allí estarán hasta el día en que yo los visite, dice Jehová; y después los traeré y los restauraré a este lugar*".

Jeremías 15:19 RVR1960: "*Por tanto, así dijo Jehová: Si te convirtieres, yo te restauraré, y delante de mí estarás; y si entresacares lo precioso de lo vil, serás como mi boca. Conviértanse ellos a ti, y tú no te conviertas a ellos*".

Hechos 3:21 RVR1960: "*A quien de cierto es necesario que el cielo reciba hasta los tiempos de la restauración de todas las cosas, de que habló Dios por boca de sus santos profetas que han sido desde tiempo antiguo*".

Gálatas 6:1 RVR1960: "*Hermanos, si alguno fuere sorprendido en alguna falta, vosotros que sois espirituales, restauradle con espíritu de mansedumbre, considerándote a ti mismo, no sea que tú también seas tentado".*

Salmos 80:3, 7, 19 RVR1960: "*Oh Dios, restáuranos; Haz resplandecer tu rostro, y seremos salvos.*

Oh Dios de los ejércitos, restáuranos; Haz resplandecer tu rostro, y seremos salvos.

¡Oh Jehová, Dios de los ejércitos, restáuranos! Haz resplandecer tu rostro, y seremos salvos".

Salmos 85:1-4, 7, 10 RVR1960: "*Fuiste propicio a tu tierra, oh Jehová; Volviste la cautividad de Jacob. Perdonaste la iniquidad de tu pueblo; Todos los pecados de ellos cubriste. Reprimiste todo tu enojo; Te apartaste del ardor de tu ira. Restáuranos, oh Dios de nuestra salvación, Y haz cesar tu ira de sobre nosotros.*

Muéstranos, oh Jehová, tu misericordia, Y danos tu salvación.

La misericordia y la verdad se encontraron; La justicia y la paz se besaron".

- **Restauracion de Pedro**

El gran Apóstol Pedro, columna de los dirigentes de la iglesia primítiva, y exponente de las Sagradas Escrituras, no lo fue así desde el comienzo:

Pescador burdo, sin letras (*Entonces viendo el denuedo de Pedro y de Juan, y sabiendo que eran hombres sin letras y del vulgo, se maravillaban; y les reconocían que habían estado con Jesús. Hechos 4:13 RVR1960*).

No piensa para hablar, se acelera (*Mas él con mayor insistencia decía: Si me fuere necesario morir contigo, no te negaré. También todos decían lo mismo. S. Marcos 14:31 RVR1960*).

Se deja usar por el enemigo, es reprendido (*Pero él, volviéndose, dijo a Pedro: ¡Quítate de delante de mí, Satanás!; me eres tropiezo, porque no pones la mira en las cosas de Dios, sino en las de los hombres. S. Mateo 16:23 RVR1960*)

Egoista, no se acuerda de los compañeros de apostolado que quedaron abajo sino que por la gloria de la revelación de Dios, quiere quedarse arriba (*Entonces Pedro dijo a Jesús: Señor, bueno es para nosotros que estemos aquí; si quieres, hagamos aquí tres enramadas: una para ti, otra para Moisés, y otra para Elías. S. Mateo 17:4 RVR1960*).

No ha aprendido a depender de Dios y que este lo defienda, sino que carga todavía la espada en la cintura con la cual le corta la oreja a Malco (*Entonces Simón Pedro, que tenía una espada, la desenvainó, e hirió al siervo del sumo sacerdote, y le cortó la oreja derecha. Y el siervo se llamaba Malco. S.Juan 18:10 RVR1960*).

Después de haber vivido con Jesus por mas de tres años, y haber sido testigo de tantos milagros, incluso tuvo poder de Dios para obrar milagros, así lo registra el testimonio de los discipulos, al decir que los demonios se sujetan en su Nombre (Jesus), y recibieron orden de sanar enfermos (*Sanad enfermos, limpiad leprosos, resucitad muertos, echad fuera demonios; de gracia recibisteis, dad de gracia. S. Mateo 10:8 RVR1960*). No obstante todo esto, mintió al negar al Señor, y por esta causa lloro amargamente (*Entonces Pedro se acordó de las palabras de Jesús, que le había dicho: Antes que cante el gallo, me negarás tres veces. Y saliendo fuera, lloró amargamente. S. Mateo 26:75 RVR1960*).

Después de la muerte de Jesus, decide regresar a su antigua profesión, la pesca, queriéndose olvidar de su maestro y la tarea encomendada (*Simón Pedro les dijo: Voy a pescar. Ellos le dijeron: Vamos nosotros también contigo. Fueron, y entraron en una barca; y aquella noche no pescaron nada. S.Juan 21:3 RVR1960*).

¿Quien quiere tener a un hombre que lo niega haber conocido, qué maldice y jura diciendo que no sabe quien es ese Jesus? (*Entonces él comenzó a maldecir, y a jurar: No conozco a este hombre de quien habláis.*

S. Marcos 14:71 RVR1960).

Sin embargo, a la resurrección de Jesus, pide que le digan a Pedro que va adelante a Galilea y allí le vera (*Pero id, decid a sus discípulos, y a Pedro, que él va delante de vosotros a Galilea; allí le veréis, como os dijo.*

S. Marcos 16:7 RVR1960).

Un Cristo preocupado por Pedro, que se le aparece a la orilla de la mar, con un pez ya a las brasas, listo para darle de comer (*Al descender a tierra, vieron brasas puestas, y un pez encima de ellas, y pan. S.Juan 21:9 RVR1960*).

Un Jesus deseoso de saber si a Pedro le dolió lo que hizo, si esta arrepentido, porque de ser así, Jesus quiere amarlo y pregunta por el amor de Pedro hacia el maestro. ¿Pedro me amas? (*Cuando hubieron comido, Jesús dijo a Simón Pedro: Simón, hijo de Jonás, ¿me amas más que éstos? Le respondió: Sí, Señor; tú sabes que te amo. Él le dijo: Apacienta mis corderos. S.Juan 21:15 RVR1960*).

Fue tan restaurado, no importando que pensaran los demás discipulos, lo invistió a pesar de todo lo que hizo, de tanta autoridad, que fue el primer predicador en Pentecostes y como 3 mil se arrepienten (*Entonces Pedro, poniéndose en pie con los once, alzó la voz y les habló diciendo: Varones judíos, y todos los que habitáis en Jerusalén, esto os sea notorio, y oíd mis palabras. Hechos 2:14 RVR1960*).

Su sombra produce sanidad de los enfermos al pasar (*tanto que sacaban los enfermos a las calles, y los ponían en camas y lechos, para que al pasar Pedro, a lo menos su sombra cayese sobre alguno de ellos. Hechos 5:15 RVR1960*).

Dios lo usa para levantar al paralitico de la hermosa (*Mas Pedro dijo: No tengo plata ni oro, pero lo que tengo te doy; en el nombre de Jesucristo de Nazaret, levántate y anda. Hechos 3:6 RVR1960*).

Y tiene autoridad de reprender a los que mienten como el caso de Ananias y Safira (*Y dijo Pedro: Ananías, ¿por qué llenó Satanás tu corazón para que mintieses al Espíritu Santo, y sustrajeses del precio de la heredad? Reteniéndola, ¿no se te quedaba a ti? y vendida, ¿no estaba en tu poder? ¿Por qué pusiste esto en tu corazón? No has mentido a los hombres, sino a Dios. Al oír Ananías estas palabras, cayó y expiró. Y vino un gran temor sobre todos los que lo oyeron. Hechos 5:3-5 RVR1960*).

Su diestra de compañerismo es importante para los nuevos líderes, como Pablo (*y reconociendo la gracia que me había sido dada, Jacobo, Cefas (Pedro) y Juan, que eran considerados como columnas, nos dieron a mí y a Bernabé la diestra en señal de compañerismo, para que nosotros fuésemos a los gentiles, y ellos a la circuncisión. Gálatas 2:9 RVR1960*).

Su voz es primordial para las decisiones de la iglesia. Fue quien llevó por primera vez el mensaje a los gentiles en casa de Cornelio (*Había en Cesarea un hombre llamado Cornelio, centurión de la compañía llamada la Italiana, piadoso y temeroso de Dios con toda su casa, y que hacía muchas limosnas al pueblo, y oraba a Dios siempre. Éste vio claramente en una visión, como a la hora novena del día, que un ángel de Dios entraba donde él estaba, y le decía: Cornelio. Él, mirándole fijamente, y atemorizado, dijo: ¿Qué es, Señor? Y le dijo: Tus oraciones y tus limosnas han subido para memoria delante de Dios. Envía, pues, ahora hombres a Jope, y haz venir a Simón, el que tiene por sobrenombre Pedro. Hechos 10:1-5 RVR1960*).

Dios sabe restaurar de tal manera, que no se acuerda de nuestros pecados, y nos levanta más allá de nuestras propias capacidades y pensamientos.

- **Restauracion de la mujer adultera: S. Juan 8:1-11**

Según la ley judía, el adulterio se condenaba con la muerte (*Si un hombre cometiere adulterio con la mujer de su prójimo, el adúltero y la adúltera indefectiblemente serán muertos. Levítico 20:10 RVR1960*). Así que lo que estos hombres que llevaban a la mujer pensaban hacer, estaba dentro del marco de la ley. Aunque faltaba el compañero de esta, puesto que el texto dice que fue sorprendida en el acto mismo de adulterio (*le dijeron: Maestro, esta mujer ha sido sorprendida en el acto mismo de adulterio. S.Juan 8:4 RVR1960*) lo que indica que el hombre también estaba allí, pero no se sabe porque a el no lo llevaban también para apedrearlo. Jesus, ante quien es presentada antes de la lapidación, no dice que no la apedreen, pues seria estar en contra de las leyes que el mismo en su divina providencia había dado por medio de Moises, lo que dice es que el que este sin pecado, arroje la piedra sobre ella (*Y como insistieran en preguntarle, se enderezó y les dijo: El que de vosotros esté sin pecado sea el primero en arrojar la piedra contra ella. S.Juan 8:7 RVR1960*), Pero, quien hay en el mundo sin pecado? Si no hay hombre que haga el bien y nunca peque (*Ciertamente no hay hombre justo en la tierra, que haga el bien y nunca peque. Eclesiastés 7:20 RVR1960*), Así que todos, fueron acusados en su conciencia, fueron culpados todos de pecado. No es por demás pensar, que alguno de ellos, dijo en su mente: yo también merezco que me apedreen, nadie sabe lo que yo he hecho. No me apedrean porque nadie me vio, pero ante esta palabra del maestro he quedado descubierto a los ojos de Dios. Yo también soy culpable, yo también soy pecador. Así que desde los mayores hasta los mas mozos, todos, absolutamente, arrojaron sus piedras al suelo y se devolvieron de su camino y del proposito que llevaban (*Pero ellos, al oír esto, acusados por su conciencia, salían uno a uno, comenzando desde los más viejos hasta los postreros; y quedó solo Jesús, y la mujer que estaba en medio. S.Juan 8:9 RVR1960*). Que alivio para esta mujer, pecadora. El hecho de que todos se fueran y ninguno la apedreara, no la hacia inocente, todavía había uno que la podía apedrear porque en el, no se halló pecado alguno. Sin embargo Jesus al mirarla pregunta por sus acusadores, y ninguno la condenó y viene la Restauracion: Ni yo te condeno, vete y no peques mas (*Ella dijo: Ninguno, Señor. Entonces Jesús le dijo: Ni yo te condeno; vete, y no peques más. S.Juan 8:11 RVR1960*)

La RESTAURACION de la mujer pecadora. para una persona entendida, esta es quizás la única oportunidad que tendrá en la vida, para que cambie de comportamiento, para dejar de hacer lo malo. Dios restaura al hombre, aun en el último momento de su existencia, pero si se acerca a Dios.

- **Restauracion de las iglesias de Asia**

LA IGLESIA DE EFESO Ap. 2:1-7

Significa amado, relajado o deseado. El Señor resalta su trabajo, paciencia y que no soporta a los malos y prueban a los que se dicen ser apostoles y los halla mentirosos.

PERO: tiene contra ella que ha perdido su primer amor, y le pide que recuerde como era antes y sus obras, por lo tanto que se arrepienta.

LA IGLESIA DE ESMIRNA Ap. 2:8-11

Significa mirra o amargura, **no tienen reproches** sino que sus obras son elogiadas por la tribulación y la persecución que pasaban en esos momentos. Por su fidelidad, una promesa "Se fiel hasta la muerte y yo te daré la Corona de vida" Se conoce como la perseguida.

LA IGLESIA DE PERGAMO Ap. 2: 12-17
Significa torre alta o enteramente casada. Se le dice que no ha negado la fe, aun cuando muere Antipas uno de sus siervos.

PERO: retenía la doctrina de Balaam y Nicolaitas.

LA IGLESIA DE TIATIRA Ap. 2:18-29
Significa sacrificio perfecto u ofrenda continua. Se elogia por sus obras buenas de amor unos con otros, la Fe, el servicio y cuidado para con todos, obras postreras mas que las primeras.

PERO: toleraba a una mujer que se decía ser profetiza, su nombre era Jezabel.

LA IGLESIA DE SARDIS Ap. 3:1-6

Significa enviado o reprobado. **Estado Aceptable, t**enia apariencia de vivir **PERO:** esta muerta, se le dice que se arrepienta, vendra como ladrón, la dormida, promesas para el que este despierto, vestiduras blancas y el nombre estará en el libro de la vida y Dios confesara el nombre delante de todos los Ángeles.

LA IGLESIA DE FILADELFIA Ap. 3:7-13
Significa amor fraternal, **sin reproche** tuvo y tiene una puerta abierta para entrar a Dios, hubo debilidades pero nunca nego el nombre de Dios. Hay una promesa para los que guardan su palabra El los guardara para el dia de la prueba. **Oportunidad de Servicio.**

LA IGLESIA DE LAODICEA Ap. 3:14-22
Significa la gente que reina o el juicio de la Tierra. Se llega al amen o finalización, la iglesia no estaba definida, su condición era tibia y estuvo a tiempo de ser vomitada, se creían ricos pero eran pobres, ciegos, tenían a Dios afuera. **La mediocre**

A ninguna rechazó el Señor, sino que amonestó contra lo malo que tenían o estaban haciendo, para que se arrepintieran y vivieran.
El mensaje incluía de primero al Ángel de la iglesia, es decir, al pastor local. También fue involucrado en la amonestación, y también se le dice que debe arrepentirse. Cual el sacerdote, tal el pueblo.

- **Restauracion de David:**

El hombre según la Biblia, conforme al corazón de Dios, también fallo, también cayó en pecado. ¿Porque aveces buscamos hombres perfectos, que nunca fallen, y nos olvidamos que todos fuimos encerrados bajo pecado, por lo cual necesitamos de la gracia salvadora del Señor? Decimos que el cristiano, no puede pecar, porque esta en actitud de arrepentimiento y confesión. *1a Juan 1:8-10 RVR 1960 "Si decimos que no tenemos pecado, nos engañamos a nosotros mismos, y la verdad no está en nosotros. Si confesamos nuestros pecados, él es fiel y justo para perdonar nuestros pecados, y limpiarnos de toda maldad. Si decimos que no hemos pecado, le hacemos a él mentiroso, y su palabra no está en nosotros".*

Si decimos que no tenemos pecado, en griego significa que yo no puedo negar mi naturaleza pecaminosa.

1a Juan Cap 3:9 RVR 1960 "Todo aquel que es nacido de Dios, no practica el pecado, porque la simiente de Dios permanece en él; y no puede pecar, porque es nacido de Dios". Lo que al creyente no le es permitido es vivir de manera permanente en el pecado.

Tenemos que reconocer que tenemos naturaleza humana y pecadora Rom 7-8.

Otra cosa es la práctica del pecado. Vivir para pecar. El que dice que ha nacido de nuevo, no vive practicando el pecado, dice el griego.

Si siendo creyentes, practicamos el pecado, abogado tenemos.

Ni aun el bautismo, dicen las Escrituras, quitan las inmundicias de la carne, "*El bautismo que corresponde a esto ahora nos salva (no quitando las inmundicias de la carne, sino como la aspiración de una buena conciencia hacia Dios) por la resurrección de Jesucristo, 1 Pedro 3:21 RVR1960"*, entonces, ¿porque pensar que los hombres son perfectos? Vamos tras un camino de perfección y ciertamente Dios viene obrando esa perfección en medio de la imperfección. Yo te pregunto: tu que dices ser un cristiano fiel, santo, perfecto, ¿nunca le has fallado a Dios en nada? ¿Nunca le has prometido algo que no le hayas cumplido? ¿Nunca has mentido? ¿No has tenido rencor o raíz de amargura con alguien? ¿Nunca te has acostado enojado con tu esposa o con tus hijos? ¿No has descontado o dejado de dar el diezmo? ¿No has engañado a tu patrono con horarios de trabajo, o cuando has llegado tarde al trabajo? ¿No has tenido un mal pensamiento? ¿Nunca has dicho una mala palabra? ¿No ha estado tu pie donde no debe? ¿Siempre que levantas tus manos, son como dice la Biblia, santas, sin ira ni contienda? ¿Nunca has dicho no al servicio a Dios, cuando te han pedido que colabores en la obra del Señor? ¿No se te culpa de ociosidad? ¿De pereza y necedad? ¿No has enterrado talentos que Dios te ha dado? ¿Nunca has criticado a alguien? ¿O juzgado? ¿No has dejado al hambriento con hambre teniendo para darle de comer? ¿Siempre has saciado la sed del sediento? ¿Has aprovechado toda oportunidad que Dios te da para hablar de El, de su amor y su plan de salvación? En verdad si esto es así, eres ¡perfecto!. No entiendo que haces en la tierra, debiendo ya estar en el cielo. Pero como creo que no es así, tendremos que confesarnos aun hoy, pecadores, necesitados de perdón, y RESTAURACION.

2o Samuel 11:1-5. El pecado del rey David, comienza con la pereza de ir a la guerra cuando era el tiempo en que los reyes de las naciones salían a la guerra. Pero el prefirió quedarse durmiendo, descansando y dejar solo a sus soldados, matandosen en el frente de la guerra. Desde luego, que el que no busca de Dios, tendrá muchas tentaciones, y eso fue precisamente lo que le paso a David. Se levanta a pasearse por el terrado de su palacio y ahí estaba la tentación. No en la forma en que cualquier cristiano reprendería diciendo: hay poder en Jesus, o, diablo cochino, apártate de mi, no. Se le presentó en la forma en que en su mayoría de veces se presenta la tentación, de una manera que sorprende al hombre, y este si ha descuidado un poco su relación con Dios, será difícil que salga de ella. Era una hermosa mujer que se bañaba (desnuda, dicen algunos comentaristas) y desde luego, por mas cristiano que sea David, es un hombre, con sentimientos, con pasiones, con atracciones, mas el, que es el Rey de Israel y puede tener lo quiera, y hacer lo que quiera, tal vez ese sea su pensamiento.

Así que de acuerdo a su parecer, la manda a traer, y nadie puede decirle no al rey, porque sería digno de muerte. La mujer diría: yo lo hice en santa obediencia, o sino, me mataban, pero eso no la hacia menos pecadora que el rey. Lo cierto es que paso, lo que tenía que pasar y a colmo de males, quedo en embarazo. El pecado del rey, se agrava con esta noticia, pues se propone engañar al esposo de esta, quien es un soldado fiel del ejército del rey. Lo manda a llamar para que " descanse" de la guerra y vaya a su casa y este con su mujer, pero se niega, pensando que sus compañeros están muriendo en la guerra y el en alegria con su mujer. Como el rey no lo consigue, lo emborracha, quizás el único caso de alguien ebrio que ni aun así lo hace, por lo cual el rey, escribe una nota al general y la envía con el mismo soldado Urias, este desde luego no sabe que dice la nota, no la puede leer, pero no es mas que la sentencia de su misma muerte. Así sucedió, fue puesto en primera fila en lo mas recio de la batalla y murió en plena guerra. Ahora que su mujer ha quedado viuda, es libre de unirse a otro hombre, piensa el Rey, pero para que nadie piense nada, la toma inmediatamente por su mujer para encubrir el embarazo, producto del adulterio. no parece haberse arrepentido o caído en cuenta de todos los pecados cometidos, así que le toca a Dios que mostrárselos a través del profeta Natan. pero eso si, el que es de Dios, la palabra de Dios oye. Y una vez Dios habla, el hombre de Dios reconoce su pecado y se aparta. Según el propio testimonio de David, en su silencio oculto de su pecado, sentía envejecer sus huesos, su gemir era de día y de noche, pero una vez descubierto por Dios hay una voz de aliento. Dios ya ha perdonado tu pecado (*Entonces dijo David a Natán: Pequé contra Jehová. Y Natán dijo a David: También Jehová ha remitido tu pecado; no morirás. 2 Samuel12:13 RVR1960*), eso es RESTAURACION. Confesaré mis transgresiones y tu perdonaste la maldad de mi pecado. Salmos 32:5.

Si bien es cierto que Dios se indignó y castigo gravemente al Rey, matando al hijo que tendrían, no obstante, el siguiente hijo, una vez perdonados, se constituyó en su reemplazo en el trono, el rey Salomón. Fue conforme al corazón de Dios, no porque no fuera pecador, sino porque cuando Dios revela el pecado, se aparta de el. No hay evidencia alguna que David hubiese en los años siguientes a este hecho, hasta el día de su muerte, vuelto a cometer algún pecado de esta índole. Eso es lo que a Dios le agrada. Que el hombre reconozca sus fallas, y las corrija. El hombre que confiesa sus faltas y se aparta, alcanza muchas misericordias.

- **Restauracion de Adán: Genesis 3-4**

Dios estableció al hombre en el huerto de Edén para que lo cultivara y lo cuidara. Adán se encontraba solo en el huerto, entonces Dios lo hizo caer en sueño profundo, tomó una de sus costillas y construyó a la mujer para que le fuera su ayuda idónea. Dentro del huerto, ambos tenían comunicación con Dios constantemente. Pero vino la peor tragedia de la raza humana, el pecado, la cual fue traspasada a toda la humanidad como un gen que se desarrolla mortalmente en nuestros cuerpos y lo que es peor, afecta el alma para la eternidad con Dios. Si bien es cierto que Dios no tomara por inocente al culpable y por esta causa, a pesar de excusas que presentó Adán, y su mujer, fueron expulsados del huerto. Fueron expulsados de la comunión con Dios. Con el Dios que se paseaba en el huerto al aire del día. Con el Dios que los visitaba en la tarde. Pero ¿que clase de Dios es este para sacarlos así? Es santo, y no admite el pecado porque su naturaleza es santa. Ese es el gran problema humano, que no queremos afrontar las consecuencias de nuestros actos, pero no por esto pierde Dios su esencia de misericordia, compasión, bondad. El es el padre que a su hijo que ama, lo disciplina. Sigue siendo restaurador. ¿Como enviar fuera al hombre que creo con sus propias manos, desnudo? No había de otra y no lo pensó dos veces como decimos en el argot popular. Sacrifico unos animalitos para quitarles su piel y con ella vestir al hombre y su mujer. Los abrigo, dígame si ¿eso no es RESTAURACION? Bueno, y aun afuera, estaba vigilante de las acciones del hombre. Los bendijo con hijos, y luego acepta la ofrenda de los muchachos aunque se agrado mas de una, la de Abel. Con la muerte de este, Dios da otro hijo, Set, y los hombres comienzan a invocar el nombre del Señor. No obstante se le dijo a la mujer antes de la salida, la promesa salvadora mas grande y de RESTAURACION para el problema en que habían metido a la humanidad, "*esta te herira en la cabeza y tu le herirás en el calcañar. Genesis 3:15"*. Ese primer Adán, caído, vencido por el pecado, nos hundió. Pero Dios, el Dios restaurador preparo un segundo Adán, perfecto, santo, inocente. Si en Adán todos mueren, en el segundo Adán todos serán vivificados. Si el primer Adán nos condenó, el segundo nos justifica. Le toco duro al primer Adán, si. Trabajar duro, con sudor en su frente para poder comer el pan diario. labrar duro la tierra. Pero a pesar de lo que hizo, Dios no se olvido de él.

- **Restauracion del hijo que se acostó con la mujer de su papa. 1a Corintios 5:1-13.**

Que pecado mas horrible el de este joven, acostarse con la mujer de su padre, mancillar el lecho paterno. No entiendo porque a veces la Escritura solo presenta uno de los dos culpables, en este caso el joven hijo, pero y donde queda la mujer de este hombre que también accede a la tentación?, pero bueno, sigamos. En una iglesia que esta empezando, esto es grave. Es condenable, y Pablo no se hace esperar con su airada reacción al saber de este hecho, que lo entreguen a Santanas. Que? Leyó bien? Si, que lo entreguen a Satanas, Verso 5. No es eso muy duro? Y donde queda la misericordia? Es peor que el homicidio? El hurto, o cualquier otro pecado condenable, como para que merezca este castigo? A quien de ustedes le gustaría que lo entregarán a Satanas? Pero si, lo dijo, el gran apóstol Pablo. No obstante durmió Pablo esa noche y quizás algunas varias noches, pero intrigado por esto, preocupado por la decisión que había tomado.

El joven, quizás un apasionado, que cayó en tentación con la mujer de su progenitor, al saber de las consecuencias de sus actos y su castigo, quizás se arrepiente, se humilla, se va temprano para el templo a orar y a pedir misericordia, porque sabe que aunque los hombres digan una cosa, hay uno que tiene la ultima palabra, hay uno que no cambia, que es restaurador, lo ven postrado, que llora, que se duele por lo que hizo, que en verdad esta arrepentido. Esa es la actitud que Dios espera ver en todos los que le fallan, una actitud de arrepentimiento y cambio. Lo cierto es que Dios lo vio, pero no dijo nada directamente, sino atraves del mismo apóstol Pablo, el hombre dirigente de la iglesia, y que se hace lo que el diga, Dios lo movió para que volviese a hablar acerca de este joven, pero esta vez, para quitar semejante castigo a alguien que merece ser restaurado puesto que se arrepintió. Que lo reciban con amor, fue lo que volvió a decir, Pablo. "*Pero si alguno me ha causado tristeza, no me la ha causado sólo a mí, sino en cierto modo (por no exagerar) a todos vosotros. Le basta a tal persona esta reprensión hecha por muchos; así que, al contrario, vosotros más bien debéis perdonarle y consolarle, para que no sea consumido de demasiada tristeza. Por lo cual os ruego que confirméis el amor para con él. Porque también para este fin os escribí, para tener la prueba de si vosotros sois obedientes en todo. Y al que vosotros perdonáis, yo también; porque también yo lo que he perdonado, si algo he perdonado, por vosotros lo he hecho en presencia de Cristo, 2 Corintios 2:5-10 RVR 1960*". Que RESTAURACION, que alivio para este muchacho.

- **Restauracion del ciego que expulsaron de la sinagoga. S. Juan 9:1-41.**

¿No se supone que la iglesia es para albergar al necesitado espiritual? ¿Al pecador que viene buscando al Salvador? ¿Al enfermo que busca al medico celestial? ¿Como así que lo expulsaron?, lo echaron de allí. Algunos predicadores modernos, de esta generación, todavía usan esto, de expulsar de sus congregaciones, al que ellos consideran es un pecador. Que atrevidos. ¿Con que derecho le cierran la puerta a un alma? ¿Acaso son ellos los que dicen quien se salva y quien no?

¿Que pecado cometió este hombre para que lo expulsaran? Era un hombre que nació ciego y era costumbre de los Judíos pensar que si alguien nacía con alguna falencia física era porque había pecado o cargaba con los pecados de sus padres. Eso preguntaron sus discípulos, pero Jesus responde, que ni este ni sus padres habían pecado para que estuviese en esa situación, sino que estaba así para que las obras de Dios se manifestasen en el. Es decir, su estado era un propósito de Dios, para demostrar una vez mas cómo opera el poder de Dios y la RESTAURACION.

Ante la sanidad de este hombre, que por cierto no es un niño, es interrogado por los jerarcas de la iglesia, los doctores en leyes divinas, porque un hecho así no se había visto jamás. Cuéntanos que te hizo, como fue, a lo cual el hombre sanado relata su testimonio. No le creen y llaman a sus padres, pero es que estos hombres no son amantes de las almas, ni bondadosos con nadie, son verdugos, y sus padres temen que también sean expulsados de la sinagoga, por lo cual responden , que edad tiene, pregúntele a el. Es nuestro hijo y sabemos que nació ciego, dijeron los ancianos padres (suponiendo que si el hijo no es un niño, sus padres no son unos muchachos), pero como vea ahora no lo sabemos. Vuelve a ser interrogado de nuevo el hombre. Bueno pero, ¿porque cuestionan tanto el hecho? ¿Porque mejor, no dar Gloria a Dios que se ha manifestado? Como nos hemos vuelto de incrédulos para creer la obra de Dios. Si algún hermano dice, que Dios le hablo o que Dios le mostró, no creemos. Pero que lo diga el jerarca y todos gritan de júbilo. ¿Porque esto así? ya no creemos en milagros, nos sorprendemos que alguien hable de esto, como que no es tema para este tiempo. ¿Que mal cometió este hombre para que le hagan un juicio de esta clase? ¿Es un pecado que habiendo sido ciego, ahora vea? ¿Quien se alegra por este hecho? Parece que nadie. Antes a todos les ha sobrecogido temor.

Pero no, espere, si hay uno contento, alegre y lleno de valor para contar lo sucedido, es el mismo hombre que antes había sido ciego. ¡Como cuenta su testimonio con alegría!. Es que nadie hablara de lo bueno que es Dios, sino aquel, que ha recibido sus favores y misericordias. Nadie usara de bondad con otro sino quel que habiendo caído y merecido el castigo, lo que recibió fue la mano restauradora que lo levanto de su estado y lo ha encumbrado a las alturas con los príncipes del pueblo de Dios. Eso es lo maravilloso dice, que ustedes no sepan nada de ese hombre y a mi me dio la vista.

Al parecer no alcanzo a ver quien era Jesus que lo sano. Cuando regreso del siloe, ya Jesus se había ido. Cuantas ganas tendría de verlo, pero no lo logro. Sin embargo esta muy agradecido con Jesus. Si este no viniera de Dios no podría hacer lo que a mi me hizo, dijo El. pero no importa para los superiores de la iglesia lo que haya pasado con este hombre, fue expulsado, lo echaron. ¿Sabe usted lo que eso significa? ¿Que un judio no pueda acercarse a la casa del Señor? ¿Al lugar donde todos sus hermanos hebreos se reúnen, en el patio de los judios para orar? ¿Sino que tenga que hacerse lejos como si fuese un gentil? De razón se fue a llorar, con amargura, sin saber porque (es de suponer), pero viene la RESTAURACION. Jesus sabia lo que habían hecho con el. No importa si todos te desprecian, si no vales para nadie, si nadie te comprende, si todos te critican, si te quedas sin amigos. No importa, hay uno para el cual cuentas, y cuentas mucho. Jesus lo encontró pero como no sabia quien era solo lo escucho: ¿crees en el hijo de Dios? ¿quien es Señor para que crea? Pues le has visto y el que habla contigo el es. Creo Señor y le adoro.

Eso es RESTAURACION.

- **Israel y la restauracion del reino.**

El pasado de Israel

La elección de Israel

El hecho de la elección de Israel queda claramente expresado en las Escrituras (**Dt 4:37** *"Y por cuanto él amó a tus padres, escogió a su descendencia después de ellos, y te sacó de Egipto con su presencia y con su gran poder"*; **Dt 7:6 – 8** *"6 Porque tú eres pueblo santo para Jehová tu Dios; Jehová tu Dios te ha escogido para serle un pueblo especial, más que todos los pueblos que están sobre la tierra. 7 No por ser vosotros más que todos los pueblos os ha querido Jehová y os ha escogido, pues vosotros erais el más insignificante de todos los pueblos; 8 sino por cuanto Jehová os amó, y quiso guardar el juramento que juró a vuestros padres, os ha sacado Jehová con mano poderosa, y os ha rescatado de servidumbre, de la mano de Faraón rey de Egipto")*.

La base de la elección nacional de Israel es la relación de Dios en pacto con los padres (**Dt 10:15 – 16** *"Solamente de tus padres se agradó Jehová para amarlos, y escogió su descendencia después de ellos, a vosotros, de entre todos los pueblos, como en este día. 16 Circuncidad, pues, el prepucio de vuestro corazón, y no endurezcáis más vuestra cerviz"*).

Los propósitos para la elección de Israel incluyen el llamamiento de llegar a ser un reino de sacerdotes (**Ex 19:6** *"Y vosotros me seréis un reino de sacerdotes, y gente santa. Estas son las palabras que dirás a los hijos de Israel");*

Ser receptores de la revelación de Dios (**Dt 4:5 – 8** *"Mirad, yo os he enseñado estatutos y decretos, como Jehová mi Dios me mandó, para que hagáis así en medio de la tierra en la cual entráis para tomar posesión de ella. 6 Guardadlos, pues, y ponedlos por obra; porque esta es vuestra sabiduría y vuestra inteligencia ante los ojos de los pueblos, los cuales oirán todos estos estatutos, y dirán: Ciertamente pueblo sabio y entendido, nación grande es esta. 7 Porque ¿qué nación grande hay que tenga dioses tan cercanos a ellos* *como lo está Jehová nuestro Dios en todo cuanto le pedimos? 8 Y ¿qué nación grande hay que tenga estatutos y juicios justos como es toda esta ley que yo pongo hoy delante de vosotros? "; **6:6 – 9**).*

Propagar la doctrina de Dios único (**Is 43:10 – 12** *"Vosotros sois mis testigos, dice Jehová, y mi siervo que yo escogí, para que me conozcáis y creáis, y entendáis que yo mismo soy; antes de mí no fue formado dios, ni lo será después de mí. 11 Yo, yo Jehová, y fuera de mí no hay quien salve. 12 Yo anuncié, y salvé, e hice oír, y no hubo entre vosotros dios ajeno. Vosotros, pues, sois mis testigos, dice Jehová, que yo soy Dios").*

Y producir el Mesías (**Ro 9:5** *"de quienes son los patriarcas, y de los cuales, según la carne, vino Cristo, el cual es Dios sobre todas las cosas, bendito por los siglos. Amén"*; **He 2:16 – 17** *"Porque ciertamente no socorrió a los ángeles, sino que socorrio a la descendencia de Abraham. 17 Por lo cual debía ser en todo semejante a sus hermanos, para venir a ser misericordioso y fiel sumo sacerdote en lo que a Dios se refiere, para expiar los pecados del pueblo"*)

El presente de Israel

El programa del reino de Dios

El concepto del reino de Dios se define esencialmente como "gobierno de Dios", que incluye a Dios como Rey y el ámbito en el que Él rige. En tanto que los términos como "reino de Dios" y "reino de los cielos" son sinónimos, hay cinco facetas del programa del reino: espiritual; el reino teocrático; el reino mesiánico; milenario; y el reino en forma de misterio.

El rechazo de Jesús como Mesías y sus resultados y consecuencias

En Mateo 12 – 13, Israel rechaza oficialmente la condición mesiánica de Jesús, y lo acusa de estar poseído por el demonio, y en este momento se retira del ofrecimiento del reino mesiánico; en su lugar, se instituye el programa del misterio del reino. Para Israel, la consecuencia es la destrucción que se avecina sobre

Jerusalén y el templo, que tuvo lugar en el 70 d.C. El pecado imperdonable, o la blasfemia contra el Espíritu Santo, se define, por tanto, como el rechazo nacional por parte de Israel de la condición mesiánica de Jesús que tuvo lugar en presencia de Él y la acusación de que estaba poseído por el diablo.

No sólo Dios ha preservado a la nación judía, sino que también ha guardado su promesa de salvar en cada generación a un remanente de Israel. El remanente de Israel en esta edad son los judíos creyentes en Cristo que se han unido a los creyentes gentiles y que contribuyen la iglesia, el cuerpo de Cristo (**Ro 11:5** ***"Así también aun en este tiempo ha quedado un remanente escogido por gracia"***). A este respecto, entonces hay una parte de Israel (el remanente creyente) que se fusiona con la iglesia durante la edad de la iglesia. Pero esto no hace de Israel la iglesia, ni viceversa.

En el futuro se cumplirán tanto las advertencias como las promesas de Dios para Israel. Después que el Señor haya puesto fin a la edad de la iglesia y haya tomado a la iglesia al cielo en el arrebatamiento (**1 Ts 4:16 – 18** ***"Porque el Señor mismo con voz de mando, con voz de arcángel, y con trompeta de Dios, descenderá del cielo; y los muertos en Cristo resucitarán primero. 17 Luego nosotros los que vivimos, los que hayamos quedado, seremos arrebatados juntamente con ellos en las nubes para recibir al Señor en el aire, y así estaremos siempre con el Señor. 18 Por tanto, alentaos los unos a los otros con estas palabras"***), Dios restaurará a Israel al centro de la escena mundial.

Primero vendrá el devastador tiempo de angustia para Jacob conocido también como la gran tribulación. Se trata de un terrible período de siete años, que comienza de una manera relativamente suave durante la primera mitad, pero que se intensifica y adquiere toda su fuerza en la última mitad. Durante este tiempo, el mundo es juzgado por haber rechazado a Cristo, pero, de modo más específico, Israel es juzgado, purificado y preparado a través de los ardientes juicios de la gran tribulación para la segunda venida del Mesías. Ésas son las malas noticias.

Las buenas noticias son que cuando Cristo regrese a la tierra al final de la tribulación, Israel estará lista, dispuesta y deseosa de recibirle, y proclamará: "Bendito el que viene en el nombre del Señor" (**Mt 23:39** ***"Porque os digo que desde ahora no me veréis, hasta que digáis: Bendito el que viene en el nombre del Señor")***. Así como el tropiezo de Israel trajo bendición al mundo en la primera venida de Cristo, la recepción que hará Israel de Cristo en su segunda venida será como vida de los muertos (**Ro 11:15** ***"Porque si su exclusión es la reconciliación del mundo, ¿qué será su admisión, sino vida de entre los muertos?"***).

El remanente de Israel que sobreviva a la tribulación (como un tercio del pueblo judío que entrará a la tribulación) será salvo, y el Señor establecerá su reino sobre la misma tierra y en la misma ciudad capital, Jerusalén, que le rechazó siglos antes. Israel será la cabeza de las naciones y ya no más la cola, y todas las naciones enviarán representantes a Jerusalén, que le rechazó siglos antes. Israel será la cabeza de las naciones y ya no más la cola, y todas las naciones enviarán representantes a Jerusalén para honrar y adorar al Rey de reyes y al Señor de señores (**Is 2:2 – 3** ***"Acontecerá en lo postrero de los tiempos, que será confirmado el monte de la casa de Jehová como cabeza de los montes, y será exaltado sobre los collados, y correrán a él todas las naciones. 3 Y vendrán muchos pueblos, y dirán: Venid, y subamos al monte de Jehová, a la casa del Dios de Jacob; y nos enseñará sus caminos, y caminaremos por sus sendas. Porque de Sion saldrá la ley, y de Jerusalén la palabra de Jehová".***)

La iglesia volverá con Cristo y gobernará con Él durante mil años (**Ap 20:1 – 5** ***"Vi a un ángel que descendía del cielo, con la llave del abismo, y una gran cadena en la mano. 2 Y prendió al dragón, la serpiente antigua, que es el diablo y Satanás, y lo ató por mil años; 3 y lo arrojó al abismo, y lo encerró, y puso su sello sobre él, para que no engañase más a las naciones, hasta que fuesen cumplidos mil años; y después de esto debe ser desatado por un poco de tiempo. 4 Y vi tronos, y se sentaron sobre ellos los que recibieron facultad de juzgar; y vi las almas de los decapitados por causa del testimonio de Jesús y por la palabra de Dios, los que no habían adorado a la bestia ni a su imagen, y que no recibieron la marca en sus frentes ni en sus manos; y vivieron y reinaron con Cristo mil años. 5 Pero los otros muertos no volvieron a vivir hasta que se cumplieron mil años. Esta es la primera resurrección. "***).

Él mismo dijo a sus discípulos que en la regeneración ellos gobernarían sobre las doce tribus de Israel (**Mt 19:28** ***"Y Jesús les dijo: De cierto os digo que en la regeneración, cuando el Hijo del Hombre se siente en el trono de su gloria, vosotros que me habéis seguido también os sentaréis sobre doce tronos, para juzgar a las doce tribus de Israel"***). Así, Israel no ha sido olvidada en el plan de

Dios. Mientras que la nación judía sigue teniendo ante sí un período de negrura, hay una gloriosa conclusión para la larga historia de Israel.

El moderno estado de Israel

El moderno estado de Israel vino a la existencia en 1948. La israelología contempla esto como un cumplimiento concreto de la profecía aunque no el cumplimiento de la restauración final predicha por las Escrituras. Se reconoce que la biblia habla de dos recogimientos mundiales del pueblo judío. Primero, ha de haber un recogimiento en incredulidad en preparación para el juicio de la tribulación.

Segundo, habrá un recogimiento mundial en fe en preparación de la bendición del reino mesiánico. En tanto que Israel no es un cumplimiento de las profecías del segundo recogimiento, es desde luego el cumplimiento del primer tipo (**Ez 20:33 – 38 “”; 22:17 – 22 “”; Sof 2:1 – 2 “”**)

Ningún pasaje de la Escritura ha hallado tanta confirmación en los eventos de la historia como Dt 28 – 30. En el 70 d.C. la nación judía fue esparcida por el mundo por desobediencia y rechazo a Cristo. En la dispersión mundial el pueblo experimentó exactamente los castigos profetizados por Moisés. Por otro lado, cuando la nación caminó en conformidad con la voluntad de Dios, disfrutó la bendición y protección de Dios. En el siglo XX el pueblo desterrado fue restaurado a su patria.

El futuro de Israel

Israel y la edad de la Iglesia

Las Escrituras demandaban claramente una restauración de Israel antes del inicio de la tribulación, lo cual se cumplió en 1948. La toma de Jerusalén por Israel en 1967 fue otro hito de la profecía bíblica en la edad de la iglesia.

Israel y la tribulación

Israel está relacionada con la tribulación en diversas formas. Entre los variados propósitos para la tribulación, hay al menos dos que están directamente relacionados con la israelología. Hay la venida de un gran avivamiento a escala mundial por medio de los 144.000 judíos (**Mt 24:14 ""; Ap 7:1 – 17 ""**).. además un propósito clave de la tribulación es quebrantar la voluntad de un pueblo santo (**Dn 12:5 – 7 ""**) a fin de llevarlos a creer en el Mesías (**Ez 20:33 – 38 ""**). Así, un propósito principal de la tribulación será producir la salvación nacional de Israel y la tribulación sólo puede comenzar cuando se firme un pacto de siete años entre Israel y el anticristo (**Dn 9:24 – 27 ""; Is 28:14 – 22 ""**). Una gran parte de la Palabra profética destaca el papel de Israel en la tribulación, y, por tanto, la designa de manera singular como "el tiempo de angustia para Jacob" (**Jer 30: 4 – 7 ""**). En Isaías 3:1 – 4: 1 puede encontrarse una descripción general de Israel en la tribulación. Hay varios pasajes del "día de Jehová" que se aplican de manera singular a Israel (**Ez 13:1 – 7 ""; Jl 2:1 – 11 ""; 3:14 – 17 ""; Am 5:18 – 20 ""; Sof 1:7 – 13 ""**). Se describe como un tiempo antisemitismo a escala mundial y una persecución mundial de los judíos (**Mt 24:15 – 28 ""; Ap 12:1 – 17 ""**). Este último pasaje indica que Satanás emprenderá una guerra especial contra los judíos e intentara aniquilar a todo el pueblo judío de una vez por todas. Por otra parte, Daniel 12:1 señala que el arcángel Miguel luchará a favor de Israel para asegurar que Israel sobreviva como pueblo. El resultado final para los judíos en la tribulación es que dos terceras partes de la población perecerán en la segunda mitad de la tribulación, pero una tercera parte sobrevivirá para formar parte de la salvación nacional de Israel (**Zac 13:8 – 9 ""**) Además, está revelado que durante la tribulación, los judíos sobrevivientes tendrán un lugar a donde huir, una ciudad de refugio (**Is 33:13 – 16 "", Mt 24:16 "" Ap 12:6 ""**). También se afirma que el lugar donde el remanente de Israel será protegido es la ciudad de Bosra (**Mi 2:12 ""**), situada en la tierra de Edom, al sur de la actual Jordania (**Dn 11:40 – 45 ""**). Muchos sostienen que Bosra es la ciudad conocida actualmente como Petra

Finalmente, al considerar a los judíos de la tribulación, uno debe de nuevo poner en primer plano el concepto de remanente. Entonces habrá también un segmento del pueblo judío que serán creyentes. Entre ellos habrá los 144.000 judíos (**Ap 7:1 – 8**) y los dos testigos (**Ap 11:13**). El hecho del remanente se expone en Isaías 10:20 –

23, y podrán sobrevivir a la tribulación gracias a que recibirán protección divina (**Is 41:8 – 16 ""**) y provisión también divina (**Is 41:17 – 20 ""; 65:8 – 16 ""**)

Israel y la segunda venida

La israelología mantiene enérgicamente que en tanto que el arrebatamiento de la iglesia no tiene ninguna condición previa alguna y que es inminente, la Segunda Venida sí que tiene una condición previa específica: la salvación nacional de Israel; hasta que todo Israel sea salvo no hay Segunda Venida ni reino mesiánico (**Lv 26:40 – 42 "", Jer 3:11 – 18 ""; Os 5:15 – 6:3; Zac 12:10 – 13:1""; Mt 23:37 - 39 ""**etc.). A su debido tiempo, por medio de los juicios de la tribulación, habrá una regeneración nacional de Israel que tendrá lugar antes de la Segunda Venida (**Os 6:1 – 3 ""**). En este momento, sale a la palestra el resto de la israelología de Pablo (**Ro 11:25 – 36 ""**), donde predice claramente que después de la plenitud de los gentiles, Dios trata de nuevo con Israel hasta que todo Israel es salvo. Cuando Israel sea salvo convirtiéndose al Mesías, rogarán que el Mesías vuelva (**Sal 79; 80; Is 64:1 – 12 ""; Jl 2:28 – 32 ""; Zac 12:10 – 13:1; 7 – 9**). Debido a que el remanente de Israel se compone de los judíos que creen, y debido a que justo antes de la Segunda Venida todo Israel es salvo, a su debido tiempo "todo Israel" y "el remanente de Israel" llegan a ser términos equivalentes, lo que se indica en Miqueas 2:12 – 13 ""

Otro punto que se destaca en la israelologia es que con la Segunda Venida habrá juicio de los gentiles. Esos gentiles serán juzgados sobre la base de antisemitismo o de prosemitismo, lo que deviene una evidencia de su fe o de su falta de fe, y que determina así quien entre los gentiles entrará en el reino mesiánico y quién entre ellos será excluido (**Jl 3:1 – 3 "";Mt 25:31 - 46 ""**)

Finalmente, esto significará también la resurrección de los santos del AT, para que ellos puedan tener parte – con el Israel sobreviviente – en el reino mesiánico (**Is 26:19 ""; Dn 12:2 ""**)

Israel y el reino mesiánico

En israelología, la creencia en el reino mesiánico se basa en dos cuestiones: las promesas por cumplir del pacto incondicional; y las profecías por cumplir de los profetas judíos. Con esto se niega que la base para la creencia en el reino mesiánico se encuentre sólo en Apocalipsis 20. Además, hay cuatro facetas de la restauración final de Israel, y cada faceta se basa en un pacto específico: la regeneración de Israel se fundamento sobre el nuevo pacto. El recogimiento de Israel se basa en el pacto palestino. La posesión de la tierra se basa en el pacto abrahámico. El restablecimiento del trono davídico se basa en el pacto davídico. Cada una de esas promesas por cumplir de los pactos es adicionalmente desarrollada por los profetas.

Otras características de la final restauración de Israel es que serán reunidos como nación (**Jer 3:18 ""; Ez 37:1 – 23 ""**); serán el centro de atención gentil (**Is 14:1 – 2; 49:22 – 23 ""; 60:1 – 3 ""**). Además, Israel como nación gobernará sobre los gentiles (**Dt 15:6 "": 28:13 ""; Is 49: 22 – 23 ""**). Estarán caracterizados por rectitud, santidad, paz, seguridad, gozo y alegría. (**Is 32:16 – 20 "", 51:3 ""**). Habrá también un nuevo monte en el centro del país que será conocido como "el monte de la casa de Jehová" (**Is 2:2 – 4 ""; 27:13 ""; 56: 6 - 8 ""**). Habrá un templo milenario (**Ez 40:5 ""– 43:27 ""**) con un sistema milenario de sacerdocio y de sacrificio (**Ez 44:1 - 46:24 ""**). Esto servirá de señal visible para Israel de lo que Cristo ha hecho en la cruz, del mismo modo que el pan y la copa lo son para la iglesia en esta edad. Además, puede también servir como medio de restauración del santo milenario que hay pecado en la comunión. Habrá también un río milenario (**Ez 47:1 – 12 ""**) que comenzará a manar desde el área del templo (**Jl 3:18 ""**), al sur de Jerusalén (**Zac 14:8 ""**). Allí se dividirá en dos, yendo la mitad al mar Mediterráneo, y la otra mitad fluirá al mar Muerto. El pueblo judío se reunirá y volverá a establecerse en la ciudad en divisiones según las tribus (**Ez 47:13 – 48:29 ""**) La descripción de la Jerusalén milenaria es un tema principal de la profecía del AT.

Finalmente, por cuanto todo Israel por todo el reino milenario permanecerá como una nación salva, esto significa también que todo Israel será el remanente de Israel a lo largo del período del reino.

- **Como desarrollar la restauracion**

(Gálatas 6:1-5) "*Hermanos, si alguno fuere sorprendido en alguna falta, vosotros que sois espirituales, restauradle con espíritu de mansedumbre, considerándote a ti mismo, no sea que tú también seas tentado. Sobrellevad los unos las cargas de los otros, y cumplid así la ley de Cristo. Porque el que se cree ser algo, no siendo nada, a sí mismo se engaña. Así que, cada uno someta a prueba su propia obra, y entonces tendrá motivo de gloriarse sólo respecto de sí mismo, y no en otro; porque cada uno llevará su propia carga*".

Advierta la palabra **"alguno".** Esto significa una persona que es igual al resto de nosotros, es decir, que tiene deseos, pasiones e impulsos tal como nosotros. Camina y vive en la carne al igual que lo hacemos nosotros. Por lo tanto, enfrenta las mismas tentaciones que enfrentamos nosotros, puesto que ***toda tentación*** es común a todos los hombres **(1 Cor. 10:13).**

¿Qué debe hacerse cuando un hermano cristiano ha sucumbido a la tentación, ha tambaleado o se ha caído?
¿Cuál debe ser el espíritu y la actitud de la iglesia?
¿Cómo debemos abordar el problema?
¿Tenemos que...........
a. ignorarlo?
b. echarlo?
c. criticarlo?
d. aislarlo?
e. apartarnos de él?
f. difundir rumores sobre él?
g. avergonzarlo?
h. difamarlo?
i. censurarlo?

Advierta un hecho: No es específico ningún pecado. El pecado puede ser pequeño o grande, negro o gris, despreciable o aceptable (para el hombre), grave o inocente, dañino o inofensivo. **El punto a tener en cuenta es:** Un hermano cristiano puede ser sorprendido por el pecado. La palabra **"sorprendido"** es interesante: Significa ser tomado por adelantado, por sorpresa o en forma inesperada. Un verdadero cristiano es sorprendido cuando es tomado por el pecado. Él nunca lo sospechó. De

hecho, ser sorprendido por un pecado grave fue a veces, si es que lo fue, una preocupación, puesto que él pertenecía a Cristo y vivía en Cristo.
Sin embargo, cuando un hermano es atrapado por el pecado y se desliza y cae, ¿qué debe hacerse? **Las Escrituras son claras:** Los hermanos cristianos deben restaurarlos.

Los creyentes han de ayudar al hermano a:
a. volverlo a la senda correcta
b. restaurarlo
c. corregirlo
d. conducirlo de regreso
e. ayudarlo a cortar de raíz el pecado

Sin embargo, hay una forma correcta y una incorrecta para ayudar al hermano caído.
Este es punto que se acentúa y que es desesperadamente necesitado por los creyentes y la iglesia. Todos los creyentes son meros hombres de pasiones iguales a los de otros hombres, y siempre ha algunos sorprendidos por el pecado. Esto, por supuesto, significa que necesitamos estar constantemente alerta y disponibles para los hermanos caídos.
Pero nuevamente, la forma en que abordamos a un hermano caído es de gran importancia. Es un asunto muy delicado. El hermano estará muy sensible y probablemente confundido y con facilidad para sentirse avergonzado. Puede llegar a sentirse tan avergonzado que le daría mucha vergüenza regresar a la comunidad de los creyentes. También podría llegar a sentir que no sería bienvenido, dado que lo que ha hecho no es aceptable entre los creyentes. Ha fracasado y lo ha hecho públicamente, y ha perjudicado el nombre de Cristo y herido la imagen de la iglesia. Conoce la actitud de la iglesia y de los creyentes acerca del tema.
Por lo tanto, a no ser que se lo aborde con el espíritu correcto, podría perderse para el reino para siempre. Esto, por supuesto, significa que el ministerio de restauración es de importancia suprema, puesto que está en juego la vida de un hermano querido. Lo que debe advertir la iglesia es esto: El ministerio de la restauración es el ministerio de Dios.
Es el ministerio para el cual Dios nos ha llamado. Debemos andar restaurando hombres para el Reino de Dios y la comunidad de su iglesia.

1. En primer lugar, dejar que los creyentes espirituales manejen el tema (v.1).
2. En segundo lugar, acercarse al hermano con un espíritu de mansedumbre (v.1).
3. En tercer lugar, considerarse a sí mismo (v.1).
4. En cuarto lugar, cargar cada uno con la carga del otro (v.2).
5. En quinto lugar, confesar la propia insuficiencia (v.3).
6. En sexto lugar, examinar la propia obra (v.4).
7. En séptimo lugar, advertir la responsabilidad propia (v.5).

- **1. (Gálatas 6:1) Deber: En primer lugar, hay que dejar que los *creyentes espirituales* manejen a los hermanos pecadores.**

Los creyentes espirituales son los que caminan en el Espíritu. ¿Cómo puede decir la iglesia si un creyente es espiritual, si realmente está caminando en el Espíritu? El pasaje anterior dice cómo.

- **1.** ¿Carga el creyente con el fruto del Espíritu? **(Gálatas 5:22-23).**

- **a.** amor
- **b.** resignación
- **c.** fe
- **d.** gozo
- **e.** benignidad

f. mansedumbre

g. paz

h. bondad

i. control propio

- **2.** ¿El creyente vive una vida crucificada con Cristo, es decir, una vida de sacrificio, de negación propia? ¿El creyente ha crucificado su carne con las pasiones y las lujurias? **(Gálatas 5:24).**
- **3.** ¿El creyente anda en el Espíritu, vive una vida que es coherente con su postura en Cristo? **(Gálatas 5:25).**
- **4.** ¿El creyente camina libre de súper-espiritualidad y envidia, de orgullo y celos, de arrogancia y egoísmo? **(Gálatas 5:26).**

- **2. (Gálatas 6:1) En segundo lugar, acérquese al hermano con un *espíritu de mansedumbre.***

¡Con cuanta frecuencia se necesita esto! **Con demasiada frecuencia lo que se expresa es un espíritu de...............**

a. dureza
b. crítica
c. reprobación
d. indiferencia
e. censura
f. súper-espiritualidad
g. rudeza
h. rumor
i. "más santo que tú"
j. rechazo
k. calumnia
l. ostracismo

Esta forma de abordar, por supuesto, no tiene nada que ver con restaurar a un hermano. Se parece más a tratar de doblegarlo, disminuirlo o destruirlo. Y la gran tragedia es que lo obliga a acercarse cada vez más al mundo, a aquellos que comprenden más sus debilidades porque ellos también son débiles.
Sin embargo, el espíritu de rechazo no es lo que las Escrituras dicen que los creyentes deben demostrar. Las Escrituras dicen que hay que acercarse al hermano con mansedumbre. Ser cordial, tierno, cálido, amoroso y cuidadoso. ¡Sí tratar sus pecados, pero con él y no con los demás! Acercarse y amarlo, ir hacia él, ministrarlo, ayudarlo, demostrar preocupación y cuidado y ***por sobre todas las demás cosas***, seguir con él.
Abrir los brazos y darle la bienvenida. Restaurarlo en su comunidad. Hágale saber que es perdonado, perdonado por todos y aceptado por todos, en forma cálida y tierna.
Gálatas 6:4 (RVR): *"Así que, cada uno someta a prueba su propia obra, y entonces tendrá motivo de gloriarse sólo respecto de sí mismo, y no en otro;"*
Efesios 4:1-2 (RVR): *"Yo pues, preso en el Señor, os ruego que andéis como es digno de la vocación con que fuisteis llamados, con toda humildad y mansedumbre, soportándoos con paciencia los unos a los otros en amor,"*
2 Timoteo 2:25 (RVR)

- **3. (Gálatas 6:1) En tercer lugar, considérese a usted mismo, porque usted también puede ser tentado y sorprendido por el pecado.**

Este es un punto crucial, puesto que todos los creyentes son tentados con todo tipo de pecado **(1 Corintios 10:13).** Hay una posibilidad real de que podamos ser sorprendidos por el pecado. Por lo tanto, debemos amar y ayudar a nuestros hermanos caídos al igual que quisiéramos ser amados y ayudados. La palabra **"considerar"** (***skopon***) significa mirarse a sí mismo, pensar en uno y prestar atención a uno mismo. Significa mantener un ojo alerta respecto de uno mismo. Si realmente tomamos en cuenta el asunto, entonces alcanzaremos con amor y mansedumbre a ayudar a nuestros hermanos caídos. Debemos ayudarlos, dado que todos estamos sujetos a ser sorprendidos por el pecado. **1 Corintios 10:13 (RVR)**

- **4. (Gálatas 6:2) En cuarto lugar, cargar con el peso de otra persona**.

La ley de Cristo es la ley del ministerio y el amor. **Mateo 20:28 (RVR) Juan 13:34-35 (RVR)**
Cristo dio y se sacrificó a sí mismo para alcanzar al hombre. Cargó con los pecados del hombre por el hombre. Nosotros, evidentemente, no podemos cargar con los pecados de los hombres, pero podemos cargar con el peso de cada uno, dado que todos sufrimos bajo el peso del pecado, ya sea que los pecados sean conocidos o no.

Podemos..............

a. ser compasivos
b. ser cálidos y tiernos
c. alentar
d. compartir las promesas de Dios
e. orar
f. sentir compasión
g. perdonar
h. sentir empatía

Hechos 20:25 (RVR): ***"Y ahora, he aquí, yo sé que ninguno de todos vosotros, entre quienes he pasado predicando el reino de Dios, verá más mi rostro".***
Romanos 12:15 (RVR): ***"Gozaos con los que se gozan; llorad con los que lloran".***
Romanos 15:1 (RVR): ***"Así que, los que somos fuertes debemos soportar las flaquezas de los débiles, y no agradarnos a nosotros mismos".***
Gálatas 6:2 (RVR): ***"Sobrellevad los unos las cargas de los otros, y cumplid así la ley de Cristo".***

- **5. (Gálatas 6:3)** ***Orgullo, Engreimiento, Súper-espiritualidad*****: En quinto lugar, confiese su propia insuficiencia.**

Este es el motivo por el cual hay tantos hermanos caídos que son dejados fuera del compañerismo de los creyentes y las iglesias.

Se los considera...........

a. inadecuados
b. menos espirituales
c. menos capaces
d. demasiado manchados
e. más débiles
f. insuficientes

Por supuesto, esta actitud es contraria al Espíritu de Cristo. Advierta las palabras **"no siendo nada".** Cristo vino a salvar a los **"nada",** es decir, a los pecadores. Todos los hombres son pecadores, lo sepan o no. Incluso los creyentes, luego de ser salvos son pecadores. Esto se olvida con demasiada frecuencia, sin embargo, los creyentes son tanto ***salvos como guardados*** por la justicia de Cristo y no por su propia justicia. Siempre debemos recordar esto, puesto que el único acercamiento aceptable a Dios es a través de la justicia de Jesucristo.

El punto es este: Ninguna persona es mejor que otra, no en cuanto a justicia y divinidad. Todos los hombres están de pie frente a Dios como pecadores. De hecho, como pecadores totalmente depravados. No hay ni siquiera un hombre que sea justo, no, ni uno, no hoy día, ni mañana ni nunca. Si un hombre, creyente o no creyente, quiere estar ante la presencia de Dios, tiene que hacerlo a través de Jesucristo y su justicia únicamente.
Por tanto, no hay absolutamente nada de lugar entre la gente de Dios para.................
a. la súper-espiritualidad
b. el esnobismo espiritual
c. el orgullo espiritual

No hay absolutamente ningún lugar para sentirse superior o espiritualmente mejor que los demás. Solo una persona puede sostener eso: Jesucristo. Dentro de la iglesia y sus creyentes solo debe existir una actitud: la de confesar nuestra calidad de ser nada ante Dios, la de confesar nuestra dependencia total de la gracia de Dios, la de confesar la justicia de Jesucristo. Advierta que cualquier otra confesión es un engaño. Si pensamos de otro modo, lo único que hacemos es engañarnos a nosotros mismos.
Cuando un creyente entiende esta verdad, entonces está preparado para salir y ayudar a restaurar al hermano que se ha equivocado. Él sabe que no es mejor que el otro. Debe acercarse a Cristo al igual que el hermano que se ha equivocado: como nada, puesto que él es nada. Con justicia y divinidad, está al mismo nivel que el hermano caído. Ninguno de ellos tiene justicia o divinidad para ofrecerle a Dios.

Por lo tanto, ambos deben acercarse a Dios a través de su Hijo Jesucristo. El conocimiento de esta verdad es lo que motivará el amor, la preocupación y el cuidado dentro de los corazones de los creyentes
por los hermanos caídos.

Mateo 23:12 (RVR) Romanos 12:16 (RVR) 1 Corintios 8:2 (RVR) 2 Corintios 10:12 (RVR) Gálatas 6:3 (RVR) Apocalipsis 3:17 (RVR) Lucas 18:11 (RVR) Juan 9:41 (RVR) Job 33:9 (RVR) Proverbios 16:18 (RVR) Proverbios 20:6 (RVR) Proverbios 30:12 (RVR)

- **6. (Gálatas 6:4)** ***Examen propio*****: En sexto lugar, examine su propia obra y conducta.**

La palabra **"obra"** se refiere más a la conducta y al comportamiento que al trabajo o empleo. Por supuesto que están involucrados el empleo o la obra, pero el tema de este versículo trata sobre todo nuestro comportamiento. Debemos examinar y juzgar nuestras propias vidas y no la vida de un hermano caído.
Las Escrituras son firmes en este punto: ***Todo hombre*** debe mantenerse ocupado examinando su propia obra y vida, y ningún hombre está exento de esto. Hay tanto mal arreciando el mundo y la carne es tan débil que es difícil que una persona permanezca inmaculada y limpia.
La carne siente lujuria...............

a. por la aceptación
b. por la honra
c. por el reconocimiento
d. por la posición
e. por la compensación
f. por experimentar
g. por sentir
h. por mirar
i. por hacer
j. por tener
k. por la aprobación
l. por degustar

Por supuesto, cada uno de estos deseos es necesario y beneficioso hasta que traspasa lo prohibido o se lleva demasiado lejos. Degustar comida es bueno; degustar demasiada comida es malo. Desear reconocimiento es bueno; amar el reconocimiento es pecado.
El tema es que la tentación está simplemente merodeándonos, a todos nosotros. Por lo tanto, debemos ocuparnos examinándonos y juzgándonos a nosotros mismos y no a los demás. De hecho hay tantas tentaciones que nos merodean, que si bajamos la guardia para examinar y juzgar a los demás, somos de inmediato sorprendidos nosotros mismos por el pecado. Recuerde: Criticar y juzgar a los

demás es pecado. Por lo tanto, al dejar de examinarnos para juzgar a los demás, hemos pecado.
Debemos medirnos frente a la Palabra de Dios, no frente a los demás. Nuestra actitud hacia los demás debe ser de amor y cuidado, de ministerio y restauración, no de crítica y juicio.
Advierta que el creyente que constantemente se examina a sí mismo tiene motivo para regocijarse en él y no solo en los demás. Es cuando nuestros corazones y nuestras vidas son puros que el gozo nos llena. Nada nos llena más de gozo como una conciencia pura.

En virtud de verdad, nos regocijamos cuando vemos a otras personas caminando como debieran, pero el gozo profundo proviene de saber que nosotros mismos estamos complaciendo a Dios por la forma en que caminamos.
Mateo 7:5 (RVR) 2 Corintios 13:5 (RVR) Gálatas 6:4 (RVR) Lamentaciones 3:40 (RVR)

- **7. (Gálatas 6:5) *Juicio, Responsabilidad*: En séptimo lugar tome conciencia de sus propios deberes y responsabilidades.**

El tema de este versículo es el de advertir al creyente. Él es personalmente responsable ante el Señor por su propio comportamiento y será juzgado por lo que ha hecho. Cada creyente tiene sus propios pesos, su propia carga de fallas y pecados. Son estos los que debe cargar, cuidar, examinar y juzgar. Nunca podrá vencerlos a no ser que quite su mirada de las fallas de los demás y se concentre en el peso de su propia falla.
Mateo 12:36 (RVR) Mateo 18:23 (RVR) Romanos 14:12 (RVR) 2 Corintios 5:10 (RVR)

- **RESTAURACION ESPIRITUAL.**

El pueblo seria restaurado. Pondré corazón nuevo, espíritu nuevo.

El mayor flagelo del ser humano, ha sido y es el pecado. Es un asunto interno mas que externo, aunque sus efectos se dejan ver en todo lo que somos y hacemos. La caída del hombre, la degradación del ser, la pérdida de los privilegios espirituales, el estado de tinieblas y muerte espiritual, el alejamiento y separación del Ser Eterno, el hundimiento según la Escritura en lodo cenagoso y muladar.

¿Como salir de ese estado? ¿Hay esperanza para el pecador? ¿Su condenación definitivamente es la muerte eterna? un patriarca dijo: "*¿quien hará limpio lo inmundo?" Job 14:4.* Parece que el hombre no tendrá salida. Muerte, desolación, aislamiento, perdida, son el camino del alma mortal y pecadora. Pero un momento, y ¿que de la restauracion? ¿Donde queda el Dios de misericordia? y ¿que del perdón? Tiene que haber un remedio. En efecto, hay una palabra de esperanza, de vida. "*Vivo yo dice Jehová que no quiero la muerte del pecador". Ezequiel 33:11.* Si el problema es el hombre como tal, entonces lo hago de nuevo. "*Os daré corazón nuevo, y pondré espíritu nuevo dentro de vosotros; y quitaré de vuestra carne el corazón de piedra, y os daré un corazón de carne". Ezequiel 36:26 RVR1960*

Solo en Cristo, el pecador perdido es hecho una nueva criatura. Al muerto espiritual, por la restauracion tiene vida, "*El os dio vida" Efesios 2:1.* Al que moraba en tinieblas luz resplandeció. Al enfermo con llagas terribles por el pecado, vino uno trayendo sanidad, al caído, levantando, santificando pecadores, justificando culpables, perdonando ofensores, buscando a perdidos, salvando a condenados, restituyendo al agraviado, amando al enemigo, dando esperanza al que no tiene, y fuerzas al débil. A los gentiles, que antes no eran mirados por Dios, solo su pueblo Israel eran vistos por sus ojos, valían mas los perros que los gentiles, a esos por cuanto lo recibieron y creyeron en El, los saco de la nada, del anonimato, de ser NN, y ahora son un pueblo, su iglesia, su cuerpo.

¿Que le diremos ahora al pecador, que cree que es el peor del mundo y que no vale nada, que lo mejor es morir? Que hay un Dios poderoso que le ama, que lo perdona, no importa lo que haya hecho, que lo quiere salvar, que su sangre (la del

Cristo derramada en el calvario) lo limpia de todo pecado, que lo quiere llenar con su Espíritu Santo, que le quiere dar salvación y vida eterna, que lo quiere hacer heredero de sus promesas. Esto es tan grande de la restauracion espiritual, que la Biblia dice que: "*hay fiesta en el cielo por un pecador, no por un santo, sino por un pecador que se arrepiente". Lucas 15:10.*

Le cambia la manera de ver, oír, hablar, gustar, palpar, caminar, vestir, sentir, pensar, actuar. Todo. Lo hace un nuevo hombre conforme a la imagen del que lo creo. Lo restaura a tal punto, que ni el propio diablo lo cree, y por eso lo odia, lo ataca, porque para el no hubo oportunidad, pero para los mortales, pecadores si la hay y la seguirá habiendo hasta que Cristo venga.

Lo pone a cantar alabanzas, a aplaudir, a llorar de sentimiento, a postrarse y doblegar todo orgullo, a mirar como dice la canción, con sus ojos, a sentir como El.

Solo los restaurados por Dios, dirán Amen, porque saben que es así. Y solo los restaurados por Dios, querrán restaurar a los demás, sean amigos, familiares, hermanos en la fe, el que sea, todos merecen ser restaurados, y a todos quiere Dios restaurar. No fuimos llamados a pisotear a nadie, a echar a nadie, a pararnosle en la cabeza a nadie, a criticar y juzgar a nadie, fuimos llamados a ser restauradores. No lo olvide. Usted es un restaurador. Acuérdese todos los días de su vida, lo que Dios hizo en y por usted y conforme a eso actúe con los demás.

- **¿Que mas diremos?**

Noé, pregonero de justicia, quien se embriagara con vino y luego se desnudara a ojos de sus hijos, siguió siendo pregonero de justicia. 2a Pedro 2:5.

Jacob, el mentiroso, cuyo nombre es trampa, usurpador, quien creyó que todo estaba perdido, quien huye para que su hermano no lo mate, lo encuentra Dios, el Restaurador y lo hace su príncipe, Israel. Le da las promesas, lo devuelve a su tierra en paz, lo prospera. hasta las canas, hasta la vejez. Isaias 46:4.

Sanson, el hombre que le fallo a Dios, contando lo que no se podía contar, a quien Dios deja solo aparentemente, y le sacan los ojos, se vuelve la burla y escarnio del pueblo, solo sirve para moler, al final vemos a un Dios restaurador que escucha su oración y le responde. Jueces 16:28.

Una María Magdalena, antes poseída por demonios y que no valía nada, ahora poseída por el amor de Dios que la restauro. S. Marcos 16:9.

Un Zaqueo odiado por el pueblo, con una vida desestimada, ahora recibe la salvación por cuanto el también es hijo de Abraham. S. Lucas 19:10.

Un Saulo de Tarso, perseguidor, injuriador, enemigo dela iglesia, ahora el gran apóstol Pablo. ¿Porque? Por el poder restaurador de Dios. 1a Timoteo 1:12-16.

- **frases**.
    - No se cuantos gigantes se levantaron contra ti y tu casa, pero si se que todos esos gigantes van a caer en el Nombre de Jesus.
    - Las adversidades que he enfrentado, y los obstáculos que he vencido, fueron usados por Dios para moldear mi carácter, para hacerme fuerte, para darme sabiduría, humildad y para abrirme los ojos del espiritu. Hoy se quien soy, hoy se a donde voy. Dios tiene un plan para mi, por lo tanto NUNCA ME DARÉ POR VENCIDO.
    - No te rindas, mantente de pie. Recuerda que Dios le da las batallas mas difíciles, a sus mejores soldados.

- No temas, porque yo estoy contigo; no desmayes, porque yo soy tu Dios que te esfuerzo; siempre te ayudaré, siempre te sustentaré con la diestra de mi justicia. *Isaías 41:10 RVR1960*
- No permitas que el mal comportamiento de otros, destruya tu paz interior.
- Son las dificultades, las únicas que tienen el poder de hacernos crecer en habilidades.
- Sonríe, que todos sepan que hoy eres mucho mas fuerte que ayer.
- Mil puertas podrán cerrarse frente a mi...pero Dios abrirá una sola, que hará la gran diferencia.
- Levántate...!ponte los tacones...y pisotea las tristezas.
- La gente me lastima...pero Dios me sana. La gente me humilla...pero Dios me engrandece. La gente me juzga...pero Dios me justifica. Gracias Dios por siempre ser tan bueno conmigo.
- Querido Dios: tal vez no entiendo muchas situaciones difíciles que están pasando en este momento en mi vida, pero quiero decirte, que confío en ti y en lo que haces y te amo.
- Cuando Dios borra algo de tu vida, es porque va a escribir cosas mejores.
- No te rindas que la vida es eso, continuar el viaje, perseguir tus sueños, destrabar el tiempo, correr los escombros y destapar el cielo. *Mario Benedetti.*
- No te avergüences de tus cicatrices, son señal que fuiste mas fuerte que lo que intento hacerte daño.
- Dios permite las mas duras batallas, a sus soldados más valientes.
- Aun en medio de las peores tormentas de la vida, debemos tener la confianza de que Dios es quien nos cuida.

- Que si soy fuerte? Si supieras cuantas veces he caído y me he vuelto a levantar, he llorado y vuelto a sonreír, porque donde termina mi fuerza, comienza a actuar la de mi Dios Todopoderoso.

- No te preocupes, Dios nunca va a dejar de ver tus lágrimas, Dios nunca va a ignorar tus oraciones, Dios nunca va a quedarse callado ante tu clamor. El ve, El escucha y El responde.
- No he perdido la batalla...solo espero instrucciones de lo alto.
- Cuando Dios te talle y sientas dolor, no temas. Alégrate, esta haciendo de ti un diamante. Dios no talla vidrio, solo piedras preciosas.
- Si un día llegaras a caer, no te preocupes. ¡Haz como el sol! Que cada tarde cae pero cada mañana se levanta con mas resplandor.
- Nadie esta a salvo de las derrotas. Pero es mejor perder algunos combates en la lucha por nuestros sueños, que ser derrotado sin saber siquiera porque se está luchando. *Paulo Coelho.*
- Las batallas de la vida son continuas y nos las gana el mas fuerte sino el que en ningún momento duda que es Dios quien da la victoria!!!
- Dios! A veces tengo ganas de rendirme, pero cuando pienso en todo lo que haz hecho por mi, trato de sacar fuerza de donde no tengo y sigo luchando, porque tu mereces todo mi esfuerzo!
- Nuestra gloria mas grande no consiste en no haberse caído nunca, sino en haberse levantado después de cada caída. *Confucio.*
- A veces Dios te permite llegar hasta la línea de batalla, no para que pelees, sino para que veas como El pelea por ti...
- Si alguien ha sido fuerte para derrumbarte, demuéstrale que tu lo eres mas para levantarte.

- Las puertas se abrirán, la tempestad pasara, la victoria será tuya y la bendición llegara. Solo créelo!
- Las desilusiones son la manera en que Dios nos dice-"Tengo algo mejor para ti". Por eso se paciente y ten fe para vivir tu vida.
- No temas al tiempo: nadie es eterno. No temas a las heridas: te hacen mas fuerte. No temas al llanto: te limpia el alma. No le temas a los retos: te hacen ágil. No temas equivocarte: te hace mas sabio. No le temas a la soledad: Dios esta siempre contigo. *Pensamientos del alma.*
- Nunca una noche ha vencido al amanecer, y nunca un problema ha vencido la esperanza.
- Mientras el enemigo está haciendo un conteo regresivo para ver tu derrota; Dios está preparándose para comenzar a contar tus victorias. *Fe y esperanza.*
- Cuando pases por una dura prueba y te preguntes donde esta Dios, recuerda que el maestro siempre esta en silencio durante el examen.
- Un día, la vida me golpeo tan fuerte que me enseño a resistir. Un día, me mintieron de tal forma que me dolió y entonces aprendí a ir siempre de frente con la verdad. Un día, me fallo quien menos imaginaba y entendí que las palabras hay que cumplirlas y de los actos hacerse cargo. A veces es necesario dar vuelta la página y empezar de cero aunque cueste o duela. El mejor guerrero no es el que triunfa siempre sino el que vuelve sin miedo a la batalla.
- No importa que tengas que empezar todo de nuevo, lo importante es no perder las ganas de volverlo a intentar.
- Detrás de la prueba, viene el galardón. ¡Resiste! ¡Dios te dará la victoria!
- Así te dice el Señor Dios de Israel: tus cielos están abiertos, los milagros mas asombrosos a favor de tu vida están a punto de suceder.

- El camino de la felicidad no es recto. Existen curvas llamadas equivocaciones, existen semáforos llamados amigos, luces de precaución llamada familia, y todo se logra si tienes una llanta de repuesto llamada decisión, un potente motor llamado amor, un buen seguro llamado fe, abundante combustible llamado paciencia, pero sobre todo, un experto conductor llamado Dios.
- No dejes que nada te desanime, pues hasta una patada en tu trasero te empuja hacia adelante.
- Un consejo te voy a dar: si caes es para levantarte, si te levantas es para seguir, si sigues es para llegar a donde quieres ir, y si llegas es para saber que lo mejor esta por venir.
- El hará un camino donde no lo hay.
- Si te lastiman, Dios te restaura. Si te desprecian, Dios te valora. Si te traicionan, Dios te es fiel. Si te maldicen, Dios te bendice. Si te ofenden, Dios pelea por ti. Si te hieren, Dios te sana. Si te dejan, Dios esta contigo.
- Jamás te des por vencido ni te desanimes, eso solo te hará perder tiempo. Vuelve a empezar. Las grandes obras de ahora, también tuvieron varios inicios. *www.granabundancia.com*
- Un tropiezo puede ayudarte a avanzar, solo necesitas habilidad para no caer, y si caes, coraje para levantarte y seguir.
- El éxito en la vida no se mide por lo que logras, sino por los obstáculos que superas. *El poder de la palabra.*
- Nunca olvides que en la oscuridad Dios es tu luz, en la tormenta es tu paz, en la tristeza es tu fortaleza y en la soledad es tu compañía.
- Los problemas son oportunidades para demostrar lo que se sabe.

- La vida es como un libro: algunos capítulos son tristes, otros felices, otros excitantes. Pero si nunca vuelves la hoja...nunca sabrás lo que el próximo capítulo depara. *Pedacito del cielo.*

- La vida puede ser complicada, dolorosa y llena de altibajos. Hay días en que incluso levantarse de la cama es difícil. Pero ¿tú sabes lo que pasa? Resulta que siempre tendrás otros días, otras personas, otros tiempos y otras historias que hacen que valga la pena. Siempre será un nuevo comienzo, nuevas oportunidades, las sorpresas, las coincidencias, encuentros que pueden cambiar todo. Ten paciencia.

- Se feliz...porque las injusticias se pagan. Porque el dolor se supera, porque el amor llega, porque la verdad existe, porque el coraje te levanta, porque el miedo te fortalece, porque los errores te enseñan, porque nadie es perfecto y porque nunca estarás solo. La vida siempre te da una segunda oportunidad.

- Tal vez no entiendas lo que esta pasando hoy o mañana, pero con el tiempo, Dios revelara su hermoso plan.

- Hoy aprenderé a perder. No quiero ser solo un triunfalista que no quiere entregar nada y no quiere perder algo. Lo que quiero es ser un vencedor y todo vencedor pierde algo en la batalla, todo caminante pierde algo en el camino. Lo que pierdo no se pierde...se convierte en semilla que aunque muere termina dando vida. *Renuevo.net*

- No escuches al desanimo que te dice: no luches, ni al fracaso que te dice: no lo intentes, solo escucha a Dios que te dice: no te rindas, yo estoy contigo.

- Y una vez que la tormenta termine, no recordaras como lo lograste, como sobreviviste. Ni siquiera estarás seguro si la tormenta ha terminado realmente. Pero una cosa si es segura. Cuando salgas de esa tormenta, no serás la misma persona que entro en ella. De eso se trata esta tormenta. *Haruki Murakami.*

- Falle mas de 9 mil lanzamientos durante mi carrera. Perdí casi 300 juegos. En 26 ocasiones, mi equipo confío en mi para que hiciera el lanzamiento que nos daría la victoria...y falle. He fracasado repetidas veces en mi vida. Y es por eso que tengo Exito. *Michael Jordán.*
- Aunque la prueba sea difícil, la tormenta no se detenga, no veas salida y sientas que la soledad es tu fiel compañera... Jesucristo dijo; yo estoy contigo todos los días hasta el fin del mundo, Mateo 28:20. *Imágenes cristianas.*
- No es el tiempo quien sana las heridas, es Dios quien lo hace. *Cultura pentecostal.*
- La misericordia de Cristo, es mas grande que cualquiera de mis errores. *Cultura pentecostal*
- La piedra: el distraído tropezó con ella, el violento la utilizo como proyectil, el emprendedor construyo con ella, el campesino cansado la utilizo como asiento, para los niños fue un juguete, David mato a Goliat y Miguel Ángel le saco la mas bella escultura. En todos los casos, la diferencia no estuvo en la piedra, sino en el hombre. No existe piedra en tu camino que no puedas aprovechar para tu propio crecimiento. *Anónimo.*
- En las victorias gózate, en las batallas lucha, en las derrotas levántate, pero en todo dale gracias a Dios porque El es bueno. *arteradikal_parajesus*
- La gente te amará por lo que eres y otros te odiaran por la misma razón. Acostúmbrate.
- Lánzame a los lobos y me veras liderando la manada...
- No te rindas, por favor no cedas, aunque el frío queme, aunque el miedo muerda, aunque el sol se esconda, y se calle el viento, aún hay fuego en tu alma, aún hay vida en tus sueños. Porque la vida es tuya y

tuyo también el deseo. Porque cada día es un comienzo nuevo, porque esta es la hora y el mejor momento. *Mario Benedetti.*

- Muchos querrán destruir tu llamado, pero recuerda que no son los hombres los que te han escogido, es Dios.
- Si no puedes volar entonces corre, si no puedes correr entonces camina, si no puedes caminar entonces arrástrate, pero sea lo que hagas, sigue moviéndote hacia adelante. *Martin Luther King Jr.*
- Tu victoria está garantizada, porque todo lo que es nacido de Dios vence al mundo. *1a Juan 5:4.*
- Te voy a restituir todo lo que te han robado, lo que te han quitado, lo que has sufrido, lo que has perdido, ten fe. Att: Dios.
- No siempre entenderás porque Dios permite que sucedan ciertas cosas, pero puedes estar seguro que Dios no está cometiendo ningún error.
- El simple hecho de no rendirse, es ya una forma de tener éxito.
- Solamente Dios borra pasados desagradables y escribe futuros nuevos y hermosos.
- Nadie podrá impedir, lo que Dios quiere hacer en tu vida.
- A veces tiro la toalla al piso, Dios la toma y la coloca en mis manos y me dice "No olvides que esta lucha es de los dos". *Imágenesconfrases.com*

Printed by Books on Demand GmbH, Norderstedt / Germany